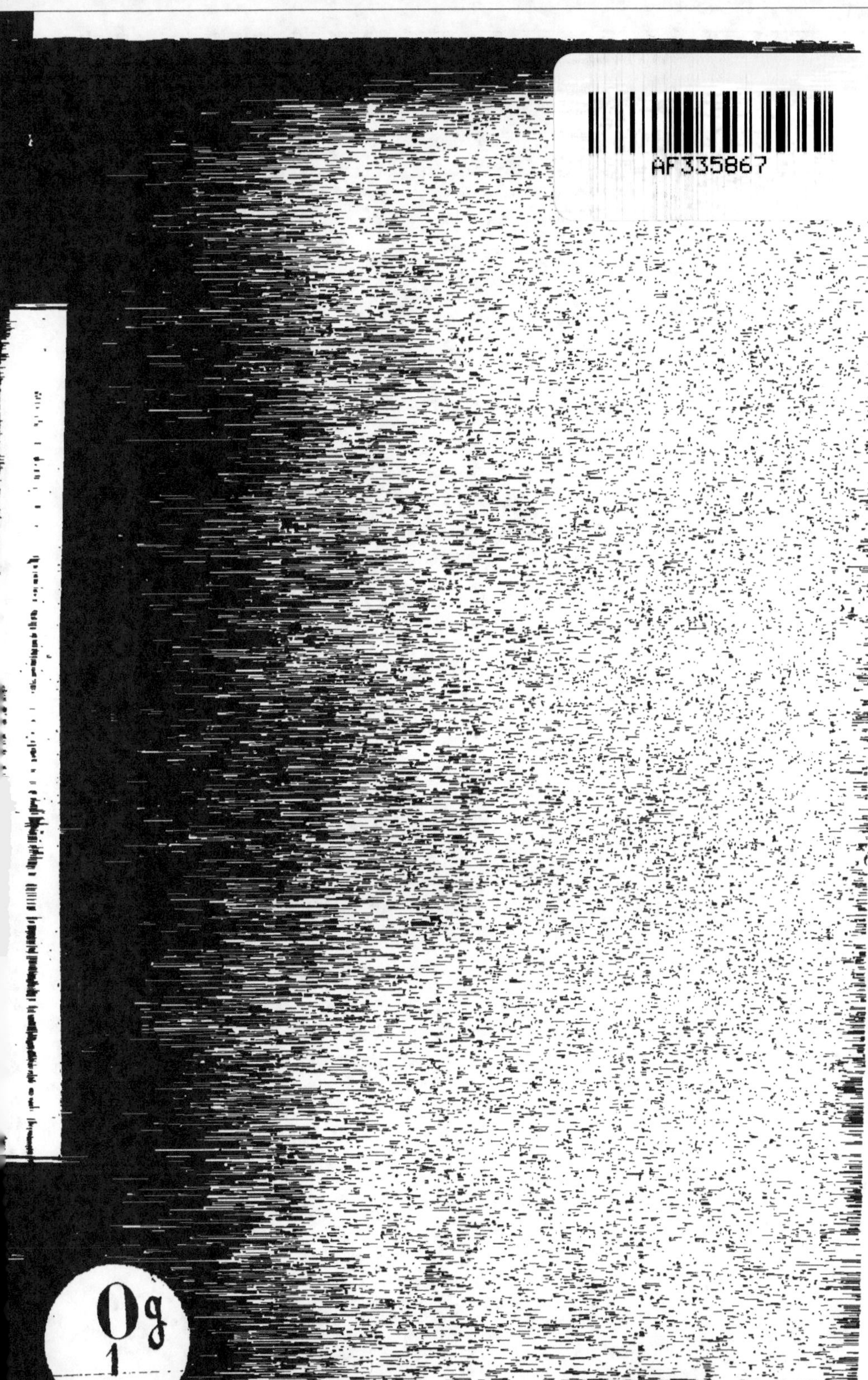
AF335867

# DE LA SITUATION

# ADMINISTRATIVE

## EN ESPAGNE

PAR

## M. Joaquin de Uriarte,

Conseiller d'État, Ex-sous-Secrétaire d'État au département
des Finances.

## PARIS

TYPOGRAPHIE LACRAMPE ET Cᴵᴱ
RUE DAMIETTE, 2

1843
**1844**

# AVERTISSEMENT

Cette brochure vient d'être publiée en Espagne dans la *Revue de Madrid* du 16 septembre, avec l'observation suivante :

« Nous joignons à la *Revue* et nous adressons à nos
« souscripteurs l'article suivant sur la situation admi-
« nistrative de l'Espagne. L'auteur, économiste habile,
« réunit à un profond savoir l'expérience d'une longue
« et laborieuse carrière dans les hautes fonctions publi-
« ques. Nous appelons l'attention de nos lecteurs sur cet
« important travail, et, bien que nous ayons le regret de
« n'être pas d'accord avec l'auteur sur quelques points,

« nous le félicitons de son œuvre, convaincu que le
« public saura aussi l'apprécier comme il le mérite. »

La situation administrative de l'Espagne est si peu
connue en France, que le traducteur a pensé que cette
brochure pourrait y être lue avec intérêt ; cette considération l'a décidé à la publier, du consentement de
l'auteur.

E. DE L'ISLE DE SALES,

82, rue Neuve-des-Petits-Champs.

DE LA

# SITUATION ADMINISTRATIVE

## EN ESPAGNE

A la voix unanime de la nation, qui demande à grands cris l'union de tous ses enfants, nous avons vu les partis politiques, d'opinions opposées, s'embrasser en affirmant qu'ils formaient cordialement un lien de fraternité, et se montrer animés des sentiments généreux dont toutes les villes leur offraient l'exemple. De nombreuses démonstrations de confiance et d'amitié ont été rendues publiques dans les discours et dans les harangues qui ont été prononcés, et nous ne désirons plus que des témoignages qui nous prouvent une union intime dans le but de travailler au bien du pays. La réconciliation serait plus solide si tous les partis, se rappelant l'histoire des dix dernières années, se demandaient quelle a été l'influence de leurs opinions, de leurs luttes et de leurs triomphes politiques en faveur de la régénération sociale. On a obtenu, il est vrai, l'extension du principe démocratique dans la Constitution de 1837; mais une liberté politique qui ne garantit ni la liberté civile, ni la sûreté personnelle, ni l'inviolabilité des propriétés, n'est qu'un mot magique qui perd son prestige quand il ne laisse que des illusions sans aucune réalité. La foi politique, quels que soient ses dogmes, est vaine et stérile sans les œuvres, et jusqu'à présent nous ne voyons pas qu'elle ait produit chez nous l'ordre et la prospérité. Toutes les branches de l'administration publique réclament de grandes réformes, et, quoique ce mot ait été répété sans cesse par les coryphées de toutes les opinions et par la multitude qui les a suivis aveuglément, nous n'en trouvons la réalisation dans aucune administration, judiciaire, municipale, ou financière; ou, si quelques réformes ont été introduites, elles ont causé au peuple plus de préjudice que d'avantage. Le vieil arbre de l'ancienne administration subsiste toujours, et tout ce qui a été enté sur cet arbre, vicié dans sa sève, n'a produit que des fruits de désordre plus amers, en entretenant l'essaim d'insectes qui dévorent la substance du peuple. Il est temps enfin que ce dernier respire et obtienne une justice plus facile et plus expéditive, un allégement sensible dans les charges publiques mieux réparties, et, en ce qui concerne le maniement comme l'emploi des fonds confiés à l'administration municipale, plus de garanties que ne lui en offre la seule élection populaire. Nous allons jeter un coup d'œil rapide sur toutes les parties de notre organisation administrative, rappeler les justes plaintes que, depuis des siècles, ses vices ont provoqué le peuple à lui adresser, et rechercher s'il n'y aurait pas un prompt remède à tant de maux. Ce remède existe, et nous espérons qu'on l'appliquera sans retard, parce que nous ne doutons pas qu'on n'ait fait dans les ministères des travaux importants relatifs à ces réformes. S'il en était autrement, nous ne saurions comment qualifier l'ignorance ou la négligence des ministres qui sont arrivés au pouvoir par les majorités parlementaires ou sans elles. Que si ces travaux existent, nous aimons à croire que les ministres présenteront à la prochaine session des projets de lois destinés à détruire les abus qui s'opposent à la prospérité publique ; car nous sommes persuadé que les députés dont les noms sortiront des urnes électorales voteront sans discussion la majorité de la reine, et qu'il restera assez de temps pour l'examen et pour l'approbation des réformes administratives proposées par le gouvernement. Si nous allons de nouveau perdre notre temps à répéter ce qui est écrit dans les livres des publicistes sur les théories politiques; si la majorité ne contient pas par l'ordre du jour toute minorité qui voudrait l'entraîner sur un autre terrain que celui que nous indiquons, alors nous garderons le silence, gémissant intérieurement sur les destinées de notre malheureuse patrie, confiées à des charlatans qui la laisseront lutter tristement contre les obstacles qui retardent le cours de sa prospérité. Secondons le gouvernement de nos faibles lumières, en lui signalant les abus et en lui proposant les moyens qui nous paraissent les plus propres à les détruire.

Nous nous réservons de développer plus tard, dans des articles successifs, chacune des branches de notre administration, dont nous ne donnons, pour aujourd'hui, qu'un tableau très-abrégé.

## ADMINISTRATION JUDICIAIRE.

Le gouvernement vient de nommer une commission dans le but de réformer la législation civile et criminelle; nous espérons qu'il n'en sera pas de cette commission comme de tant d'autres, dont nous n'avons jamais vu le travail, et qu'elle nous donnera des preuves de son zèle en publiant périodiquement le compte rendu de ses séances, non-seulement pour nous montrer son activité, mais encore pour soumettre ses travaux à l'appréciation du public, qui lui donnera des encouragements pour la continuation de son œuvre et des conseils tendants à la mener à bonne fin. La commission est nombreuse et renferme plus de membres que celle qui rédigea le code Napoléon, laquelle ne comptait que quatre jurisconsultes éminents, Tronchet, Maleville, Portalis et Bigot de Préameneu. La rédaction terminée, la discussion eut lieu d'abord en Conseil d'État, puis dans les Chambres. Les dix-neuf individus qui composent notre commission remplaceront le Conseil d'État, et leurs lumières ne nous permettront pas d'en regretter l'absence. Le code civil français ne comprend que trois livres, dont un pour les personnes et deux pour les choses; pour les actions, on a rédigé un autre code sous le titre de procédure civile. Il nous semble que la commission doit s'occuper d'abord de ce dernier, parce qu'il est d'un besoin plus urgent que les réformes qui peuvent se faire dans les lois civiles et criminelles. Il est vrai qu'il est indispensable de donner plus de force à l'autorité paternelle et de satisfaire dans les lois relatives aux enfants naturels et adultérins, la morale publique, outragée d'une manière si scandaleuse dans le tarif des dispenses (1), dont nous parlerons ailleurs avec plus d'étendue. Il est aussi indispensable de réformer la législation hypothécaire, sans laquelle on ne peut établir le crédit territorial. Cette réforme serait effectuée, il est vrai, si l'on s'occupait du livre qui traite des choses; toutefois, on peut différer la révision de ce livre, parce que notre législation sur les contrats et obligations émane de la législation romaine, à laquelle toute l'Europe s'est conformée, y compris le code Napoléon, dont les rédacteurs ont reconnu que les jurisconsultes romains possédaient au plus

(1) Dans ce tarif, on accordait, moyennant une somme d'argent, la légitimité des enfants naturels, adultérins et de ceux des prêtres.

haut degré la science du droit, qui consiste dans l'appréciation des rapports que les contrats ont avec l'équité. Ainsi, le travail de cette partie du code civil nous paraît devoir se borner (comme celui des jurisconsultes français) à un ordre plus complet, avec élimination de toutes les subtilités qui obscurcissent le droit romain. Mais c'est une œuvre de perfection qui n'est pas d'une nécessité immédiate. Il en est de même des réformes que réclament les lois relatives aux personnes : quoiqu'elles soient nécessaires, nous ne les croyons pas aussi urgentes que celles qui faciliteront les moyens de défendre les droits de propriété et de sécurité personnelle définis et prescrits dans la législation en vigueur. On ne saurait voir avec indifférence tous les délais, toute la confusion et toutes les subtilités que la pratique corrompue des tribunaux a introduits pour dépouiller les plaideurs et ruiner leurs familles en rendant les procès interminables. Une demande ordinaire et d'un intérêt moyen cause des frais doubles de la valeur en litige. Il y a nécessairement les quatre actes de demande, réponse, réplique et duplique, dans lesquels les avocats divaguent par monts et par vaux ; vient ensuite le délai de *quatre-vingts jours* pour la preuve, délai qui se prolonge encore quelquefois de *deux à trois mois*, par suite de demande de suspension du terme ; puis le reproche des témoins, le délai pour les preuves des reproches, un grand nombre de demandes de contraintes qui grossissent le nombre de feuilles du procès et les honoraires des avocats, juges et assesseurs : et, s'il se présente des incidents comme ceux de récusation, de tierce-opposition, de faux, et d'autres qu'invente la mauvaise foi de l'avocat, alors les feuilles du procès grossissent comme les vagues de l'Océan, et engloutissent dans leurs abîmes les malheureuses familles des plaideurs.

Dans les provinces d'outre-mer, les abus et la corruption ont atteint le plus haut degré, vu la distance de l'autorité centrale, le peu de crainte de la censure publique et la négligence criminelle du gouvernement de la métropole qui a été sourd aux énergiques réclamations que toutes les corporations de ces colonies formaient contre les scandales de leurs tribunaux. Là, les honoraires sont plus élevés et les intrigues plus nombreuses ; c'est ce qui explique les grandes fortunes que les juges font en trois ou quatre ans : aucune n'est moindre de 100,000 piastres (500,000 fr.), et nous en avons une preuve récente dans une des provinces du midi, où un juge, de retour de nos possessions d'outre-mer qu'il a habitées peu de temps, a acheté des biens qui lui produisent 100,000 réaux (25,000 fr.) de revenu, sans qu'on lui connût antérieurement aucune fortune. Des juges qui n'ont pas obtenu leurs grades dans les facultés (*jucces legos*), avec leurs assesseurs, augmentent la plaie et le nombre des sangsues qui sucent les plaideurs jusqu'à la moelle des os (1). Le capitaine général de l'île de Cuba, par les droits qu'il perçoit pour chaque signature (1 piécette, ou 1 fr.) augmente ses honoraires de 10,000 piastres (50,000 fr.) : aucun des juges qui connaissent en première instance des causes militaires (*auditores de guerra*) n'est revenu de la Havane sans une grande fortune. Les *alcades* de la Havane ont aussi leurs tribunaux avec leurs assesseurs, et ils retirent de leurs signatures 4 à 5,000 piastres par an, ce qui fait tant convoiter ces charges. Nous voudrions savoir jusqu'à quand subsisteront les priviléges qui exemptent de la juridiction des tribunaux ordinaires (*fueros privilegiados*), et si, avec ces priviléges, l'administration de la justice est moins onéreuse, plus impartiale et plus juste. Que, pour la discipline et les délits militaires, il y ait des tribunaux militaires et des conseils de guerre, rien de mieux, car, sans cela, il n'y aurait pas d'armée ; mais leur soumettre les affaires purement civiles, nous n'en concevons pas la nécessité, et nous concevons, au contraire, celle de soustraire sans retard les plaideurs à leur juridiction, puisqu'ils offrent les mêmes formes embrouillées et les mêmes abus que les tribunaux ordinaires.

Nous parlerons par la suite des tribunaux de finances (*tribunales de los subdelegados de rentas*), qui devront aussi être supprimés comme les tribunaux des juges qui n'ont pas reçu leurs grades.

Nous le répétons, les provinces d'outre-mer ont adressé des plaintes réitérées contre les scandales de leurs tribunaux, et nous croyons qu'il existe encore une commission pour en proposer la réforme. Nous ne connaissons pas les travaux de cette commission, et s'il y en a d'utiles, ils n'ont pas vu le jour, et le gouvernement n'a publié aucune disposition qui fût le résultat de ces travaux. On continue à épuiser toutes les ressources du fisc pour tirer des caisses de ces provinces tout l'argent possible, et, loin de protéger les contribuables en leur donnant les moyens d'obtenir une justice prompte et facile, on viole les faibles garanties que les anciennes lois leur présentent. C'est ainsi que M. le ministre de la Justice vient de nommer juge de la Havane un naturel du pays qui a dans cette ville de nombreuses relations de famille, relations qui font quelquefois défaillir la probité la plus sévère. Quelle censure amère n'eût pas faite M. Lopez si un autre ministre eût violé aussi ouvertement la loi ?

La procédure criminelle offre les mêmes abus et les mêmes désordres qu'il y a deux cents ans, au temps de Ginesillo de Pasamonte, que Cervantes nous dit avoir été aux galères pour n'avoir pas pu

_____

(1) Il est dit dans une lettre publiée dans le journal *l'Heraldo* que les frais de justice se sont élevés, dans le courant de l'année dernière, à plus de *deux millions* de piastres (plus de dix millions de francs).

*graisser la plume* du greffier (*escribano*). On sait quelle est l'influence de ces derniers dans les procès-verbaux constatant les faits litigieux, procès-verbaux qui sont la matière et la base des procès. La loi dit que le juge recevra les déclarations des témoins et de l'accusé et les réponses de ce dernier; mais qui nous garantit l'accomplissement de cette formalité dans la solitude du cabinet ou dans le bureau d'un greffier? Nous voyons beaucoup de juges qui omettent d'observer la loi par négligence; nous en voyons d'autres qui, par ignorance ou par défaut d'expérience, se reposent sur le greffier du soin de l'instruction du procès et ne font acte de présence que pour lire des journaux ou d'autres papiers. Il n'y a pas longtemps qu'une personne respectable nous rapportait qu'un charpentier de Madrid connu d'elle, et qui avait été arrêté pour avoir blessé un homme dans une dispute, venait d'être mis en liberté après la rédaction du procès-verbal, et cela par suite d'un marché de sa femme avec le greffier de la cause, lequel détourna quelques feuillets de ce procès-verbal : de sorte que l'élargissement de l'accusé a été prononcé par un juge qui a ignoré entièrement les témoignages produits contre lui, si toutefois il n'a pas participé à la vénalité du greffier. Nous pourrions citer beaucoup d'autres faits, si la matière étendue que nous avons à traiter nous le permettait.

Telle est la situation de l'administration judiciaire. Quelle est l'utilité de toutes les lois démocratiques imaginables, si la sûreté personnelle n'est pas garantie et si l'on doit abandonner ses droits de propriété pour ne pas être ruiné? Voyons maintenant s'il est possible de trouver un prompt remède à ces maux.

Parlons d'abord de la procédure civile, qui traite des actions personnelles et réelles reconnues par le droit commun. Si M. le ministre de la Justice et la commission qu'il a nommée pour réformer les codes, ont étudié les législations des peuples les plus civilisés de l'Europe, et s'ils les ont comparées avec la nôtre, ils auront trouvé des lois salutaires adoptées dans d'autres États pour la répression de semblables abus. L'origine de ces abus se trouve dans les preuves testimoniales que l'on admet indistinctement, qu'il y ait ou non des actes ou preuves par écrit suffisantes pour prouver le fait, et quoique la question soit de droit. Que l'on rejette, autant que possible, les preuves testimoniales, et l'on évitera les interrogatoires réitérés des témoins, le jugement de reproche de ces derniers, et on pourra alors établir facilement la discussion orale à l'exclusion, en règle générale, de la discussion écrite, excepté dans les occasions où le tribunal la croira convenable, et, dans ce cas, la loi prescrirait aux juges de n'accorder à chaque partie la faculté que de produire un seul écrit.

Aux termes de la loi du code Napoléon, la preuve testimoniale n'est pas admise pour une demande au-dessus de 600 réaux (150 fr.) : il doit être passé acte, devant notaire ou sous signature privée, de toutes choses excédant la somme ou valeur de 600 réaux (150 fr.), et il n'est reçu aucune preuve par témoins contre et outre le contenu aux actes, ni sur ce qui serait allégué avoir été dit avant, lors ou depuis les actes, encore qu'il s'agisse d'une valeur moindre de 600 réaux. On n'admet pas également la preuve testimoniale, lorsque la demande a été formée pour une valeur qui excède 600 réaux, bien que le demandeur veuille ensuite restreindre sa demande à cette somme. La preuve testimoniale n'est pas admise davantage sur la demande d'une somme même moindre de 600 réaux, toutes les fois que cette somme fait partie d'une créance plus forte qui n'est point prouvée par écrit ; enfin, la loi, prévoyant le subterfuge de réclamations ou demandes différentes qui, jointes ensemble, excéderaient les 600 réaux, refuse cette preuve, bien que la partie allègue que ces créances proviennent de différentes causes, à moins que ses droits ne procèdent par donation ou succession de personnes différentes.

Les exceptions à ce principe sont les suivantes :

1° Lorsqu'il existe un commencement de preuve par écrit, que l'acte par écrit émane de celui qui forme la demande, ou de celui contre lequel la demande est formée, et si cet acte rend vraisemblable le fait allégué ;

2° Si le créancier prouve qu'il ne lui a pas été possible de se procurer une preuve littérale, comme dans les obligations contractées en cas d'accidents imprévus. Cette exception s'applique aux obligations qui naissent des quasi-contrats, des délits ou quasi-délits, aux dépôts nécessaires faits en cas d'incendie ou naufrage, et à ceux faits par les voyageurs logeant dans une hôtellerie, et enfin au cas où le créancier prouve qu'il a perdu le titre qui lui servait de preuve, par suite d'un cas fortuit ou de force majeure. Ce sont les seuls cas où la loi admette la preuve testimoniale. Ces lois se trouvent en harmonie avec celles de la procédure civile suivie dans les tribunaux français. Le demandeur notifie sa demande directement au défendeur en son domicile, par l'entremise d'un officier de l'ordre judiciaire que l'on appelle huissier, semblable à un greffier royal ou des poursuites (*escribano real o de diligencias*). Après un délai de neuf jours, l'avoué de la partie la plus diligente remet au tribunal compétent copie de la demande, et l'affaire est mise au rôle des causes, à sa date. Son tour arrivé, les avocats des parties se présentent avec les pièces de la demande et de la défense, et, après les avoir entendus, le tribunal décide. Il n'y a pas là de rapporteur officiel du procès ; mais, avant le jugement, les juges donnent successivement leur avis motivé, si c'est nécessaire. S'il se présente des incidents, comme ceux d'une pièce arguée de faux ou de toute autre action qui exige un avis d'experts, ou s'il se rencontre des comptes compliqués à régler, le tribunal, après l'exposé de l'affaire par les avocats dans la discussion générale, fait procéder à l'instruction de l'incident. Il peut aussi, s'il le juge convenable, ordonner que chacune des parties présentera, comme nous l'avons dit, ses moyens par écrit, mais par un seul acte.

Il nous semble qu'on pourrait rédiger en peu d'articles une loi qui contiendrait les prescriptions précédentes et qui s'exécuterait postérieurement à sa publication. Nous ne prévoyons pas que rien s'oppose à ce que cette loi soit présentée à la prochaine législature. Il est hors de doute qu'elle sera l'une de celles qui devront être comprises dans le code de procédure civile; on y devra spécifier les formes à suivre dans les tierces-oppositions, la saisie et la vente des biens, l'exécution des jugements, les appels, etc. Toutefois, quoique la loi que nous proposons soit très-incomplète, elle remédiera certainement aux principaux abus que présente l'administration de la justice (*foro*), et le peuple comblera de bénédictions la législature qui l'adoptera. Il en sera de même de la disposition que nous proposons dans le but de soustraire la procédure criminelle à l'influence des greffiers.

Nous ne savons pas pourquoi l'institution du jury, anciennement connue en Espagne, n'a pas été rétablie dans la procédure criminelle ordinaire, puisqu'on y a recours pour les délits de la presse ; ce qui présente cette singularité, que nous avons fait revivre l'institution du jury pour des cas auxquels les nations les plus civilisées ne l'ont appliquée qu'en dernier lieu. L'Angleterre avait des juges du fait pour les délits ordinaires, deux siècles avant de leur attribuer les délits de la presse. La France, à l'époque de la Révolution, suivit la même marche, et c'était la plus naturelle, puisque le sens commun suffit le plus ordinairement pour discerner la vérité dans les faits matériels, comme l'homicide et le vol. Mais il n'en est pas ainsi assurément des faits qui, provenant de la malignité de l'esprit, renferment un poison plus ou moins habilement caché sous des phrases brillantes et pompeuses, soit en s'attaquant aux individus et aux familles, soit en sapant les fondements de la société par de pernicieuses doctrines, dont l'appréciation exige beaucoup de pénétration.

Comme nous venons de le dire, les jurés ont anciennement fait partie de nos tribunaux ; ils assistaient les juges du droit dans les causes criminelles, sous le titre de *hombres buenos*. Pourquoi donc tarderions-nous plus longtemps à les rétablir? Serait-ce pour laisser plus longtemps aussi les greffiers exercer à loisir dans les procès criminels leur influence scandaleuse, négocier l'impunité d'un grand nombre de coupables, et, quelquefois même, la persécution de particuliers, victimes innocentes des haines d'hommes puissants? Et quel obstacle pourrait s'opposer à ce que des juges du fait assistassent dès à présent les juges du droit, puisqu'on les appelle dans les tribunaux pour des délits dont l'appréciation est indubitablement plus difficile? Nous ne voyons pas ces obstacles, et nous venons au contraire de signaler les maux dont la société souffre dans cet état de choses; c'est une omission à réparer, et pour cela il ne faut pas attendre que les codes soient rédigés : car les lois pénales sont distinctes des moyens nécessaires pour la recherche du crime et pour le discernement de la vérité du fait. Il est superflu de faire remarquer que dans ces jugements la preuve testimoniale est d'une nécessité absolue; car les crimes se commettant presque toujours dans l'ombre, il n'y a pas ordinairement d'autres preuves que celles des témoins. Dans cette espèce, les faux témoignages sont rares, et, s'il y en a des exemples, l'humanité souffrirait beaucoup plus si, par l'impunité du crime, personne n'était assuré de son existence et de sa fortune. En définitive, l'intelligence ordinaire d'un juré est bien capable de juger la valeur des déclarations des témoins et de prononcer sur la culpabilité ou l'innocence de l'accusé.

La nécessité du jury reconnue, rien n'empêche que les prochaines cortès ne l'adoptent au moyen d'une loi concise disposant qu'après que le juge d'instruction (*de primera instancia*) aura rédigé le procès-verbal, la cause passera immédiatement au tribunal où seront jugés les crimes ou délits. Le jour indiqué pour l'audience, on commencerait l'instance par l'audition des témoins déjà entendus devant le juge d'instruction et de tous ceux qui seraient survenus depuis, le tout en présence du procureur du roi (*fiscal*), de l'accusé et de son avocat, qui tous auraient pleine liberté d'interroger les témoins; ensuite le magistrat qui accuse soutiendrait l'accusation, l'avocat de l'accusé prononcerait sa défense, et le tribunal jugerait. On n'a pas besoin d'écrits autres que le procès-verbal, et l'on doit proscrire à jamais le fatras ruineux et inutile de la discussion écrite dans ces interminables procédures. Nous savons bien qu'en Angleterre et en France on facilite la présentation des témoins, puisque, dans la première, douze juges parcourent le territoire, et que, dans la seconde, des sections des tribunaux supérieurs se transportent périodiquement dans certaines villes, afin d'être plus près, pour juger les accusés, du théâtre du crime et des témoins du fait. Quel motif y aurait-il pour ne pas adopter chez nous la même mesure? S'il faut pour cela augmenter le nombre des juges supérieurs, qu'on l'augmente, puisque dans la société il n'y a pas de besoin plus urgent que celui de poursuivre et de punir les délits.

Mais, nous le répétons, ces mesures sont incomplètes, et ces remèdes contre les maux qui affligent notre administration judiciaire, ne peuvent être que provisoires. Oui, on n'en saurait douter, une grande réforme est urgente dans l'organisation des tribunaux, et dans celle qui se fera, les tribunaux de première instance devront être composés de plusieurs juges, qui offriront nécessairement plus de garanties qu'un seul; ils seront également plus considérés, plus respectés. Bien qu'une affaire, avant d'atteindre l'autorité de la chose jugée, puisse passer par deux ou trois degrés de juridiction, pourquoi les tribunaux de tous les degrés n'offriraient-ils pas chacun la même garantie de savoir et d'équité de la part de leurs magistrats? Dans tous les procès, les parties doivent espérer que la loi les préservera, autant que possible, des erreurs dans lesquelles un seul homme peut tomber plus facilement que trois ou quatre bien payés par l'État; car nous supposons qu'on supprimerait tous les droits actuellement perçus par les juges de première instance, droits qui les engagent à multiplier les jugements et à prolonger les procès. Sans doute le budget du ministère de la Justice augmentera, mais nul autre ministère n'a de moyens plus faciles de se procurer des ressources pour couvrir cette augmentation. Qu'on établisse un tarif de frais de procédure en fixant des droits modérés pour les actes judiciaires, et le produit couvrira en grande partie les honoraires des juges. Un receveur, dans chaque tribunal, les toucherait, comme cela se pratique dans tous les tribunaux français pour le recouvrement de droits semblables, qui sont appelés frais d'enregistrement des actes judiciaires.

Quant à la réforme radicale de tout le corps judiciaire et de toute la législation, elle demande beaucoup de temps, et il n'est pas possible de l'espérer pour les prochaines Cortès. Mais nous ne comprenons pas qu'on puisse opposer des arguments rationnels contre les mesures provisoires que nous proposons, quand, de bonne foi, il n'y a aucun doute sur leur urgence, ni sur la possibilité de les adopter dans la prochaine législature. Si nous attendons que les codes soient rédigés, il se passera beaucoup de temps avant que les réformes les plus urgentes ne se réalisent et que le peuple ne ressente les avantages du gouvernement constitutionnel.

## ADMINISTRATION MUNICIPALE.

L'une des erreurs les plus graves de l'exaltation démocratique a été de croire qu'en affaiblissant l'action du gouvernement supérieur, par l'attribution d'une partie de cette action aux corporations populaires des provinces, la société obtiendrait de grands avantages et aurait plus de garanties contre les abus du pouvoir; comme si les membres élus par l'administration locale étaient incapables d'abuser de leur pouvoir. Que de lieux communs n'a-t-on pas répandus pour soutenir une thèse démentie par l'histoire de toutes les révolutions et particulièrement par celle de France et par celle de nos mouvements populaires! La France souffrit la tyrannie la plus épouvantable quand il y avait autant de gouvernements que de corporations municipales, et toutes les dilapidations dont a été accusé le pouvoir absolu des rois durant sept cents ans ne forment pas une somme aussi considérable que les valeurs qui ont été dérobées par les directoires de districts et de départements. Que de fortunes scandaleuses ne firent pas ces fameux patriotes? La France ne sortit enfin du chaos dans lequel les corporations populaires l'avaient plongée que quand le gouvernement, recouvrant sa force, eut rétabli l'ordre et la confiance dans tout le pays, et, par là, eut assuré la richesse des particuliers et celle de l'État. Je sais que les démocrates appellent cette force tyrannie et oppression, comme s'il pouvait y avoir tyrannie plus grande que celle qui résulte de l'anarchie et celle que, par suite, exercent les corporations municipales revêtues de tout ou partie du pouvoir suprême, dans tous les instants et près du foyer domestique.

Grâce au ciel, nous n'avons pas eu et nous n'aurons pas de révolution comme celle de France, quoiqu'il y ait eu ou qu'il y ait une minorité méprisable qui la désire ou qui l'ait désirée. Mais ce qu'il y a de manifeste dans les lois, c'est la tendance à affaiblir le gouvernement en disséminant son action entre les municipalités et les députations provinciales. Ces corporations, en vertu de leur permanence et des attributions qui leur ont été conférées, sont devenues, non des administrations de famille chargées des intérêts matériels de la localité, mais des assemblées politiques qui disputent l'influence et l'autorité, non-seulement au gouvernement, mais aux Cortès elles-mêmes, qui représentent les intérêts généraux du pays. Et quel bien en est-il résulté pour le peuple? Aucun; mais, en revanche, beaucoup de mal. Ces corporations ont-elles mis plus de probité dans le maniement des fonds des municipalités, et dans le recouvrement de la portion de rentes de l'État qui leur est confiée? Non, assurément, et mille faits le prouvent. Du reste, il ne peut pas en être autrement, car la responsabilité des administrations collectives s'obtenant bien plus difficilement que celle d'une hiérarchie d'agents uniques dans chaque grade respectif, on ne doit pas être surpris des abus que la loi organique de l'administration provinciale produit elle-même. Les députations provinciales sont autorisées à accorder à leur gré, aux communes, le droit de frapper les habitants de contributions pour les dépenses locales; elles liquident et approuvent les budgets et les comptes des municipalités. La première concession est un abandon absurde que les Cortès ont fait d'une partie de leur autorité souveraine; puisque, parfois, ces impôts pèsent sur les communes plus que les contributions de l'État. D'ailleurs, il y a une maxime sacrée du gouvernement constitutionnel : c'est que le peuple ne doit pas payer un *maravédi* qui n'ait été voté par la représentation supérieure de l'État. C'est ainsi que cela se pratique en France, où il faut une loi discutée et approuvée par les trois pouvoirs pour la concession du plus petit impôt municipal. Rien donc ne nous paraît plus antipolitique ni plus anticonstitutionnel que cette partie du pouvoir souverain accordée aux députations provinciales, qui deviennent ainsi des autorités rivales des premiers pouvoirs de l'État. La loi ne leur accorde pas seulement cette attribution souveraine, mais elle les charge aussi exclusivement de l'examen et de l'apurement des comptes des municipalités. Ces comptes sont ensuite transmis à l'approbation du chef politique, avec le visa de la députation. Il est bien difficile de croire qu'il refuse cette approbation à des comptes déjà reconnus et approuvés par la députation provinciale, et qu'il se mette en opposition avec l'autorité populaire à laquelle la loi, par suite de l'accumulation des attributions qu'elle lui a accordées, a donné, dans la province, une force morale contre laquelle l'autorité du chef politique pourra difficilement lutter. Ainsi, l'approbation émanant de ce dernier est une vaine formalité, de même que l'envoi du compte définitif que la loi ordonne de faire au gouvernement. Nous demandons maintenant si les membres des députations provinciales, qui ont à soigner leurs propres affaires, se donneront la peine d'examiner eux-mêmes ces comptes, et de vérifier l'application exacte et rigoureuse des impôts aux objets pour lesquels ils ont été accordés. Il y aurait bien de l'ingénuité à le croire. Ce qui a lieu réellement, c'est que les employés des bureaux examinent ces comptes et les présentent à la signature de la députation. On peut bien prévoir quels seront la pureté et le désintéressement de cet examen, et savoir si l'on n'a pas à craindre la continuation des abus qui existaient dans les anciens bureaux de comptabilité des biens des communes (*contadurias de propios*), dans un desquels nous avons connu un chef qui, avec un revenu annuel de huit à dix mille réaux par an, trouvait moyen d'en dépenser cent vingt mille.

Cette comptabilité est, en effet, fort mal tenue, et nous pourrions citer un riche propriétaire d'Andalousie qui, dans une des communes où il a des propriétés, fut compris dans la répartition d'une contribution de 10,000 réaux dont la commune fut frappée par la députation provinciale, pour l'établissement d'écoles de filles et de garçons et pour les honoraires d'un médecin et d'un chirurgien. Or, le propriétaire s'est assuré qu'il n'y avait, dans la commune en question, ni écoles ni médecins, et il s'est refusé avec beaucoup de raison au paiement de sa cote, en adressant au greffier de la municipalité de vifs reproches. Nous parlerons, dans une autre occasion, de l'influence des greffiers dans les communes, fort nombreuses, où les membres des municipalités ne savent ni lire ni écrire. Du reste, on voit, d'après l'autorité que les députations provinciales exercent sur les municipalités, tout l'ascendant qu'elles ont dans les élections des députés aux Cortès, et jamais le chef politique n'en aurait autant s'il rédigeait les listes électorales en soumettant les plaintes que les électeurs pourraient former sur leur rédaction aux Cours royales du ressort (*audiencias territoriales*), comme cela se pratique en France. En prenant cette mesure et en attribuant à la Cour des Comptes (*tribunal de cuéntas*) l'examen et l'approbation de tous les comptes des municipalités, il n'y aurait aucun inconvénient à charger les chefs politiques de la rédaction des listes électorales, en circonscrivant dans leurs véritables limites les fonctions des corporations locales, fonctions dont on les détourne au grand préjudice des provinces elles-mêmes.

Il résulte de ce que nous venons de dire que les municipalités ont le maniement des impôts des communes, sans avoir, pour ainsi dire, de responsabilité; et si l'on ajoute à cela les répartitions et les recouvrements dans les communes abonnées pour les contributions indirectes (*encabezados*), ainsi que la perception du produit des impôts pour le culte et le clergé, pour la fourniture des fourrages et du matériel des casernes et pour les subsides du commerce, on aura une idée des abus qui émanent d'actes aussi importants. Encore ne parlons-nous pas des connivences des municipalités avec les bureaux des contrôleurs des contributions (*contadurias de provincias*), dont on connait les vices si préjudiciables aux revenus de l'État.

Passons maintenant aux répartitions déjà approuvées par les contrôleurs de contributions et par les intendants, et voyons comment ils les exécutent. Dans un grand nombre de villes, il y a deux livres de perception, l'un conforme à la répartition approuvée, l'autre servant à la perception effective, avec des cotes individuelles supérieures à celles portées sur le premier. C'est ainsi qu'il y a des alcades qui escroquent les communes : témoin cet alcade de la province de Badajoz qui, dernièrement, exigea des contribuables 6,000 piastres au lieu de 3,000, montant de la répartition approuvée. Heureusement pour cet alcade que la dernière révolution est survenue fort à propos pour lui donner le loisir de faire brûler les pièces du procès. Un des députés les plus capables nous a raconté que, dans une certaine commune, la répartition ayant excédé de 30,000 réaux le montant de la portion des impôts qui devait se percevoir dans la localité, il représenta à l'alcade que cet excédant devait être mis en réserve pour couvrir d'autres charges ; mais l'alcade répondit qu'il n'en serait pas ainsi, car il destinait cette somme à satisfaire à d'autres besoins. On ne saurait calculer jusqu'où peuvent s'élever les excédants des fermages de quelques impôts pu-



2

blics sur des objets de consommation (*puestos publicos*), excédants qui ne soulagent pas les contribuables et dont l'emploi n'est pas connu. Personne n'ignore le scandale auquel ont donné lieu quelques municipalités en chargeant leurs comptes de dépenses considérables pour la mobilisation des milices nationales de leurs communes, laquelle ne s'est pas réalisée. Les feuilles publiques nous ont parlé de titres, constatant des fournitures qui n'avaient pas eu lieu, acquis à un rabais considérable, et qui ont servi à payer tout ou partie des contributions que l'administration municipale avait reçues en argent.

Nous avons des preuves évidentes de la dilapidation des recouvrements dans les dettes contractées envers le Trésor par les membres des municipalités chargés de la perception (*segundos contribuyentes*), dettes qui montent à plusieurs millions; mais ce qui surprend le plus dans ce désordre, c'est que les législatures des dix dernières années ont été assez négligentes (nous ne voulons pas leur donner une qualification plus dure) pour être témoins impassibles de ces dilapidations, et qu'elles n'ont pas suivi l'exemple de la législature de 1821, qui retira la perception aux municipalités et établit des agents du fisc avec le titre de percepteurs, fournissant des cautionnements suffisants pour garantie de leur responsabilité.

Enfin, avec de tels vices, l'administration municipale, qui, de sa nature, est toute paternelle, s'est convertie en une administration moitié fiscale et moitié politique, excitant ainsi la cupidité et l'ambition, et ne servant qu'à diviser les communes en factions, répandant les haines et l'animosité dans les familles et éloignant la paix et la concorde du foyer domestique.

Voyons quel serait le remède à ce désordre. Le plus radical serait d'avoir des garanties dans le maniement des fonds des communes et de s'assurer qu'ils sont effectivement employés à la satisfaction des besoins de chaque localité. On atteindra ce but en réformant la constitution municipale et en l'organisant comme la constitution suprême de l'État. Pour nous convaincre de la nécessité de cette réforme, observons le vice chronique qui mine ces corporations depuis que le pouvoir absolu n'existe plus, et qui a fait porter la loi actuelle qui leur donne plus d'influence. Dans les municipalités, le pouvoir exécutif ne se distingue pas du corps délibérant : c'est une garantie de moins. Le corps municipal gouverne au moyen de différentes commissions, comme celles des fontaines, du pavage et de la propreté (*limpieza*), de l'éclairage, des travaux publics, etc., etc. Elles traitent avec les fournisseurs et avec les entrepreneurs, visent leurs comptes, ou expédient des mandats sur la caisse municipale; chaque commission rend ses comptes au corps municipal, en sorte qu'on peut dire que la municipalité approuve elle-même ses propres comptes.

D'une semblable organisation, il ne peut assurément résulter que de grands abus, comme il en résulterait si, au lieu de ministres responsables, les Cortès gouvernaient par des commissions de guerre, de marine, de justice et de finances. Pourquoi n'organiserait-on pas les municipalités à l'instar des pouvoirs souverains de l'État, en combinant la délibération et la décision qui appartiennent à plusieurs, avec l'unité du pouvoir exécutif? Les Cortès sont convoquées périodiquement pour voter les budgets, approuver les comptes de l'administration de l'État, sanctionner ou proposer des lois et discuter la responsabilité des ministres; et, pour cela, elles n'ont pas besoin de rester réunies toute l'année. De la même manière, les municipalités ont leur pouvoir exécutif dans les alcades, et ceux-ci trouvent la représentation des intérêts communaux dans le corps municipal, auquel ils doivent soumettre les budgets des dépenses et les comptes, et proposer ce qui est le plus convenable au bien de la commune. Pour remplir cette mission, les municipalités n'ont pas besoin d'être réunies toute l'année, et un certain nombre de sessions déterminé par la loi suffirait pour résoudre les affaires municipales. N'est-il pas vraiment absurde que les municipalités, qui n'ont à débattre que des intérêts locaux, tiennent, pendant toute l'année, leurs sessions ordinaires, tandis que les corps souverains, qui ont à délibérer sur les grands intérêts de l'État, ne sont convoqués que périodiquement?

Avec l'organisation dont nous venons de parler, on assurerait la responsabilité du maniement des deniers municipaux, parce que cette responsabilité pesant sur l'alcade seul, la municipalité serait sévère dans la discussion et dans l'examen de ses comptes. Si, pour l'administration suprême de l'État, les constitutions politiques n'ont pas trouvé une organisation meilleure, pourquoi celle des municipalités serait-elle différente? Avec cette réforme et la double précaution de décharger les municipalités de la perception des revenus de l'État, comme l'avaient fait les Cortès de 1821, et de la perception des deniers des communes, comme l'enjoignent diverses ordonnances royales, on parviendra à extirper les abus dont nous avons parlé. Tout ce que nous venons de dire nous paraît conforme à la raison. Les députations provinciales devraient aussi se contenter de délibérer sans gouverner; leurs fonctions se réduiraient à indiquer au gouvernement, par l'entremise du chef politique, son représentant, les besoins de la province et le chiffre des impôts destinés à les satisfaire, et ces derniers votés par les Cortès, les chefs politiques réaliseraient les projets des députations, en leur rendant un compte rigoureux de ce qui a été fait; celles-ci voteraient les budgets annuels dans un certain nombre de sessions, comme nous l'avons proposé pour les municipalités. Alors l'organisation administrative intérieure serait en harmonie avec celle du gouvernement de l'État; sans elle, nous ne devons attendre que désordre et confusion.

## ADMINISTRATION FINANCIÈRE.

La matière que nous allons traiter est grande et étendue, si nous voulons nous élever à cette considération, que, dans l'état actuel des sociétés civiles, leurs forces vitales, leur honneur et leur gloire dépendent entièrement d'une fortune publique suffisante pour l'entretien des établissements civils, militaires et maritimes, qui les font respecter. Une péninsule sans marine militaire, comme un État sans armée bien payée pour défendre ses frontières ou maintenir l'ordre public, est incapable de faire respecter son indépendance. Il est réellement dérisoire de la fonder, en pareille circonstance, sur un mariage : c'est ignorer que cette question d'alliance ne peut ajouter à la puissance d'une nation que quand elle est fortement constituée et qu'elle a assez de crédit pour engager à s'unir à elle, non pas sans doute pour la ruine de son industrie, mais pour un partage réciproque d'influences dans le monde commercial et politique.

Il est triste de ne pas voir notre pavillon flotter dans les mers d'Amérique de manière à nous conserver des rapports intimes avec nos frères des États espagnols, rapports que nous ne pourrions maintenir qu'en luttant contre les influences rivales. Et pourquoi dans cette lutte ne ferions-nous pas prévaloir notre influence, qui se résoudrait en avantages commerciaux, au moyen de la protection que nous pourrions offrir à tous les Espagnols qui iraient s'établir dans ces contrées, jadis contrées espagnoles, et au moyen de droits protecteurs que nous pourrions obtenir en faveur de notre commerce. N'est-il pas honteux d'avoir laissé sans secours nos compatriotes établis à Montévidéo ?

Cette prépondérance, nous ne devrons jamais y compter tant que notre administration financière restera plongée dans le désordre où elle se trouve. Il y a plus de vices dans la gestion et dans l'organisation administrative que dans le système des contributions, dont le produit serait suffisant pour couvrir les charges publiques et rétablir notre crédit, sans la négligence et la profonde immoralité des employés qui ne sont pas contenues par une bonne législation financière, surtout en ce qui concerne le système de comptabilité. Mais aux vices du système qui nous régit vient s'ajouter l'impunité des employés convaincus de malversations. Récemment, dans une province de Castille, un contrôleur détacha un grand nombre de feuilles du registre des contributions, pour en décharger plusieurs communes; une forte somme fut sa récompense ; et cependant, ce contrôleur conserve son emploi. Autre scandale : on poursuivait un administrateur de biens nationaux pour un reliquat considérable dans ses comptes. Pour se décharger de cette responsabilité, de quoi s'est-il avisé ? Il a pris le parti de faire du patriotisme dans cette dernière révolution ; et son patriotisme lui a valu une intendance. Dans un grand nombre de bureaux des finances, les comptes des municipalités ne sont approuvés qu'à la condition qu'il sera fait un cadeau à l'employé chargé de leur examen, et nous avons vu un alcade d'une des communes les plus riches d'Andalousie désespéré de ce qu'on le retenait dans la capitale, au préjudice de ses intérêts, parce que, ne craignant pas l'examen sévère de ses comptes, il ne voulait pas donner une gratification à l'employé qui en retardait l'expédition.

Nous avons une preuve évidente de la négligence des principaux fonctionnaires de finances dans les décrets émanés de ce ministère. Personne ne niera l'activité et l'énergie du ministre Ballesteros, et, cependant, il a dû recourir à des menaces réitérées pour que les agents comptables des provinces remissent aux directions générales les comptes mensuels qui étaient exigés par la circulaire du 3 juillet 1824. Cette circulaire, imparfaite en ce qu'elle omet, comme nous l'expliquerons plus loin, les moyens propres à faire constater les rôles des contributions dans la comptabilité générale (*contaduria general de valores*), ordonnait néanmoins la remise mensuelle des comptes de l'administration et des trésoreries qui pouvaient se contrôler réciproquement et justifier l'arriéré dû au trésor royal. Mais nous devons croire que, quand le gouvernement devint moins fort et moins habile, cet envoi périodique des comptes ne s'est pas effectué, comme le prouve une ordonnance royale du 21 octobre 1842, dans le préambule de laquelle M. Calatrava dit que, frappé de l'énorme quantité de dettes en faveur du trésor, provenant de ce que les réclamations prescrites par les règlements n'avaient pas été faites en temps utile, il se voyait obligé de nommer des commissions pour liquider et classer ces dettes jusqu'en 1840. Nous demanderons à M. Calatrava, quels ont été les fonctionnaires qui ont négligé de liquider, classer et recouvrer ces dettes ? Ce sont sans doute les agents comptables des provinces, et principalement les contrôleurs des contributions, ces agents du fisc si négligents ; car, si on avait exécuté les prescriptions des circulaires et des ordonnances rendues par M. Ballesteros, assurément il n'existerait pas une telle masse de dettes à liquider et à classer. Une grande responsabilité pèse également sur la comptabilité générale des finances, qui devait proposer au ministre, en temps opportun, la destitution de ces contrôleurs négligents ou complices des débiteurs. Une responsabilité plus grande encore pèse sur les ministres des finances de cette époque qui n'ont pas exigé la responsabilité de leurs subordonnés et proposé aux Cortès un système de comptabilité plus clair et plus simple.

Les législatures ont aussi encouru une grande responsabilité pour avoir voté les budgets, bien que la Cour des comptes n'eût soumis aux chambres que les comptes même incomplets d'une seule année. Or les évaluations des budgets de recettes et de dépenses ne peuvent être justifiées que par l'examen sévère de la Cour des comptes, sur les exercices des années antérieures et non par les états de la comptabilité générale des finances, qui, comme nous venons de le voir, laisse passer beaucoup d'années sans liquider ni classer les dettes en faveur du trésor. Dans tous les cas, si la Cour des comptes n'est pas en état d'édifier les Cortès sur les erreurs financières des agents de perception de l'administration, elle exposera les causes qui l'en empêchent, et les Représentants de la nation vérifieront si les obstacles proviennent de la nonchalance de la Cour des comptes, dont l'activité n'est rien moins que très-ardente, ou des employés, quel que soit leur grade dans la hiérarchie administrative. Il s'agit d'un intérêt de premier ordre pour le pays, et les citoyens qui vont concourir aux élections doivent se rappeler que, jusqu'à ce jour, les élus ont oublié d'accomplir le plus important de leurs devoirs, pour susciter des questions irritantes ou oiseuses, qui n'ont procuré aucun bien à la nation. La seule qui ait été avantageuse est le désamortissement civil et ecclésiastique (*desamortizacion civil y eclesiastica*), et encore a-t-il été mis à exécution sans aucune des grandes combinaisons qui auraient pu relever le crédit de l'État. L'extinction de toute la dette est impossible avec cette seule ressource, et dans les provinces du centre, ce n'était pas l'amortissement qui s'opposait à l'accroissement de la prospérité publique, mais la difficulté de se défaire des produits par le manque de communications faciles, ce qui portait le prix des transports à 50 °/₀ de leur valeur et quelquefois au delà. La charge qui grève la nation est considérable, parce que le budget du culte et du clergé des cathédrales et des églises priorales et abbatiales, présenté par M. Calatrava, au mois de novembre dernier, monte à plus de 120 millions de réaux (30 millions de francs), sans compter le clergé des provinces, qui reste à la charge des communes. Les pensions du clergé régulier des deux sexes montent à 39,502,538 réaux (environ 10 millions de francs) ; il est vrai, que ces pensions, au grand discrédit de la nation, ne se paient ni ne se paieront pas ; mais en acquittant ces deux dettes et vu la suppression de la dîme, la nation, pour une rente territoriale de 60 millions de réaux (15 millions de francs) que produiront les biens du clergé séculier et régulier, se sera grevée d'une charge de 159 millions de réaux (près de 40 millions de francs). On nous objectera sans doute qu'il y aura dans la suite des diminutions, provenant de décès et de suppressions d'églises ; cela est vrai, mais il n'en faut pas moins compter sur une charge perpétuelle d'au moins 100 millions de réaux (25 millions de francs) pour le traitement du clergé des cathédrales et des paroisses ; ce qui, à raison de 3 %, représente un capital de plus de 3,333 millions, qui chargeront les fonds de l'État. Que les économistes calculent maintenant dans quelle proportion croîtra le capital des biens vendus, par suite d'améliorations de culture, et ils trouveront en dernière analyse la charge réelle du pays. Les Français, lors de leur révolution, firent un autre calcul : ils bannirent ou décapitèrent les membres du clergé, fermèrent les temples, et s'adjugèrent les biens cléricaux libres de toute charge. Mais si ceux qui agirent ainsi eussent prévu le rétablissement du clergé, ils auraient suivi une tout autre marche.

Continuons nos observations sur les vices de l'administration financière et sur la négligence condamnable de ses agents. Il est indispensable d'établir un système bien entendu d'impôts directs et indirects, pour couvrir le déficit considérable des budgets ; mais, pour que la contribution territoriale soit répartie proportionnellement, il faut avoir une statistique des revenus des maisons et des biens ruraux ; et nous l'aurions, si l'on s'était conformé aux décrets royaux des 16 février et 15 juin 1824. Ces décrets ont prescrit les règles à suivre pour la rédaction des registres ou livres de revenus, semblables à ceux employés en France pour l'impôt territorial, qui produit au trésor de cette nation plus de 100 millions de réaux, rien que pour les revenus des biens ruraux. La seule différence qui existe, c'est que ces décrets prescrivent en outre des comptes rendus avec serment que nous n'approuvons en aucune manière. Eh bien ! ces registres, si habilement disposés n'ont jamais été établis ; ni les contrôleurs des contributions, ni le directeur général, ni la fameuse comptabilité générale du royaume, ne se sont occupés d'effectuer une mesure si nécessaire pour la réforme de nos finances. N'est-ce pas, en effet, pitié de voir que le fermage de l'impôt (*frutos civiles*) sur le revenu des biens ruraux et des maisons ne produise que 13 à 14 millions de réaux ? Il est évident que, sans les registres appelés en France matrices de rôle, le ministère ni la comptabilité générale ne pourront apurer les comptes des administrations financières chargées de la perception de cet impôt. Or, il ne faut attendre de nos financiers ni assez d'habilité, ni assez d'activité pour exécuter des travaux extraordinaires, lors même que ces travaux auraient un rapport intime avec leurs attributions, comme il en est de ces registres. Les intendants, qui, comme nous le dirons plus loin, sont absolument inutiles et doivent, par conséquent, être supprimés, ne laisseront dans les archives des finances aucune trace de leur activité ni de leur talent, tandis qu'en usant de leur influence et en profitant de leurs loisirs (car ils ont beaucoup plus de temps libre que les chefs des bureaux de finances), ils auraient pu rédiger des mémoires statistiques, comme l'ont fait en France les préfets, beaucoup plus occupés que nos intendants. Par l'art. 10 de la circulaire du 6 novembre 1840, il leur fut enjoint d'indiquer dans quelle proportion les contributions de guerre avaient grevé la richesse publique, et la plupart d'entre eux n'en ont rien fait. Dernièrement, la comptabilité générale leur demanda ce qu'il fallait de livres et de registres dans les bureaux, et l'intendant d'Avila répondit qu'il en fallait 29, celui de Badajoz en demandait 63, celui de Logrono, 36, celui de Pontevedra, 70, et autant pour le district de Tuy, tandis qu'il n'en fallait que 4 pour celui d'Orense. Je suis même certain que ces réponses ridicules ne furent pas dictées par une conviction propre, et qu'elles n'étaient que l'écho de celles que les intendants reçurent des bureaux des contrôleurs des contributions. Il est vraiment étrange que la comptabilité générale du royaume, au lieu de s'adresser à des fonctionnaires dont elle devait connaître la capacité, n'ait pas indiqué elle-même les registres uniformes que les bureaux devaient tenir désormais, si elle croyait insuffisants ceux dont l'emploi fut recommandé par M. Ballesteros au mois de décembre 1824. Le système de comptabilité de ce ministre laborieux avait sans doute un vice capital, c'est qu'il n'exigeait pas l'envoi au trésor des rôles des contributions directes, comme cela a lieu en France, où le trésor reçoit du directeur des contributions directes de chaque département le rôle de tous les contribuables de ses communes, et leur envoie des reçus à talon pour chacun d'eux ; en sorte qu'on ne peut enlever au trésor la valeur la plus minime, ni exiger du contribuable un maravedi au delà de la quotité qui lui est imposée dans la répartition approuvée. La législature de 1821 sanctionna ces mêmes mesures, ce même plan de comptabilité ; mais tout cela est tombé en oubli, comme les lois de la vieille coutume (*fuero viejo*) de Castille. Toutefois, le système de comptabilité ordonné par M. Ballesteros, dans la situation où se trouvaient les choses sous le régime des contrôleurs des contributions, le plus mauvais de tous, établit l'ordre et donna des produits suffisants pour couvrir les charges ordinaires, et jusqu'à présent nous ne sachions pas que les ministres et chefs de comptabilité générale, qui se sont succédé, aient imaginé rien de meilleur.

En y comprenant le plan déjà cité de la législature de 1821, on peut dire que tous les systèmes de comptabilité sont déjà connus dans nos finances. Il n'en existe pas moins un grand désordre dans notre comptabilité, comme le prouvent les faits ci-dessus mentionnés, et cependant c'est la branche la plus essentielle de l'organisation financière. Tant qu'elle sera vicieuse, il sera inutile de s'occuper du système des contributions, qui ne se percevront pas ou qui seront dilapidées par des agents dont on ne peut pas garantir la responsabilité dans l'état de choses actuel.

Toutefois, nous allons parler de notre système d'impôts et le comparer avec celui des nations les plus civilisées de l'Europe; il résultera de cette comparaison que ces nations ont élevé leur crédit au plus haut degré, au moyen de contributions et de mesures administratives que nous venons de voir réprouver comme ruineuses, par une foule de pédants à la tête desquels il faut placer l'ignorant et audacieux Mendizabal, l'homme du vote de confiance. Il est impossible de lire le préambule du décret du 20 juin dernier, sans rester comme frappé de stupéfaction et sans renoncer à découvrir d'une manière positive quel est le système merveilleux que Mendizabal avait imaginé, pour le substituer à celui qui nous régit depuis longtemps, système d'origine barbare, suivant ses propres expressions. Pour nous, nous soupçonnons que c'est un système de contributions directes; car nous remarquons dans le préambule qu'après avoir traité avec le plus grand mépris et condamné même le système d'impôt sur la consommation du vin, du vinaigre, de l'huile, de la viande, etc., et sur les ventes de biens meubles et immeubles (*sistema de millones y de alcabalas*), il le met en opposition avec celui des provinces de l'ancienne couronne d'Aragon, système dans lequel, dit-il, on trouve plus de *régularité, de discernement* et *de justice*. Oui, sans doute, il faut croire que l'illustre ministre voulait implanter un système de contributions directes à l'exclusion des contributions indirectes, malgré la triste expérience que nous avons faite du système de contributions générales des Cortès et de M. Garay. Il aurait bien dû se rappeler la triste expérience qu'en fit la France, lorsque ses assemblées populaires adoptèrent les mêmes principes. Le seul résultat qu'on en retira fut un déficit énorme, et de là, une banqueroute comme celle qui nous attend. Cet état de choses n'a cessé en France qu'au moment où, à l'exemple de l'Anglererre, elle a adopté un système mixte de contributions directes et indirectes, quoique le produit de ces dernières soit bien supérieur à celui des contributions directes.

M. Mendizabal confond d'une manière déplorable la matière imposable avec la quotité de l'impôt et avec la manière de recouvrer la contribution appelée *de millones* (1). Avant d'aller plus loin, nous ferons observer que les nations les plus civilisées ont établi des impôts sur les objets de première nécessité, bien plus forts que ceux d'Espagne, dans les circonstances où leur honneur et leur gloire l'exigeaient.

_______________

(1) Impôt particulier sur les vins, vinaigre, etc.

Au commencement du dix-septième siècle, la Hollande greva de diverses contributions le blé, la farine et le pain ; en 1643, le long parlement établit en Angleterre, d'abord sur les liqueurs et ensuite sur le pain, la viande, le sel et les objets de première nécessité, les accises, sorte de contribution semblable à nos impôts sur les vins, vinaigre, etc. ; mais, sous le règne de Guillaume et de Marie, on appliqua les accises aux épices, à la bière, au vin et au vinaigre, et pendant ce règne, les accises produisirent 72 millions de piastres (360 millions de francs), et l'impôt territorial, 78 millions de piastres (390 millions de francs). Sous le règne suivant, celui de la reine Anne, les accises s'appliquèrent aux chandelles, aux peaux apprêtées, au jambon et à l'amidon , et produisirent 14,252,564 livres sterling (environ 356,314,100 francs), et l'impôt territorial 21,285,909 livres sterling (environ 532,147,325 francs). Voyez l'*Histoire des rentes publiques de l'Angleterre*, par Jean Sinclair, qui fut membre du Parlement.

Ces impôts indirects sur les consommations ont été conservés par l'Angleterre, et, depuis leur établissement, elle les a augmentés sans avoir jamais pensé à leur suppression, qui eût ruiné son crédit.

Les impôts sur le vin, les liqueurs, l'eau-de-vie, la bière et le cidre produisent en France l'énorme somme de 336 millions de réaux ; cette somme ajoutée à celle de 1,052 millions de réaux de l'impôt foncier, aux 338 millions de réaux de contribution personnelle et mobilière et des portes et fenêtres, et aux 138 millions produits par les patentes, forme un total de 1,864 millions de réaux. Encore ne comptons-nous pas les produits du tabac, des douanes, etc., parce que les articles cités démontrent suffisamment ce que peut rendre un système mixte de contributions directes et indirectes.

Il est donc évident que les deux nations les plus puissantes de l'Europe ont adopté la même matière imposable que celle qui fait chez nous l'objet des *millones*, et que nos ancêtres n'ont pas été aussi dépourvus de sens que le suppose le grand Mendizabal. Maintenant, nous allons démontrer que, comme moyen de perception des impôts indirects, on ne saurait mieux faire que de s'y prendre au moment de la production de la matière imposable, à celui de la vente ou lors de la consommation. En Angleterre on a adopté le premier moyen, afin de laisser la circulation libre. Aussi avons-nous vu les employés des contributions faire, pour ainsi dire, continuellement le guet dans les fabriques de bière, afin d'imposer les fabricants pour tout ce qu'ils entonnent, et exiger ensuite les droits qui sont considérables. Les bâtiments de ces fabriques doivent être construits dans la forme indiquée par les règlements des finances. Le gouvernement a voulu par là éviter l'ouverture de portes secrètes, propres à favoriser la fraude. Que pense donc M. Mendizabal de ces entraves (*ligaduras*), lui qui déclame tant, dans son préambule, contre les impôts sur les vins, vinaigre, etc., et les droits d'octroi?

Le système mixte de contributions directes et indirectes fut établi en France sous le consulat. On adopta d'abord le mode de jaugeage dans les caves des vignerons, afin d'exiger les droits à la première vente; mais, cinq ans après, on abandonna ce mode de perception, vu la difficulté d'éviter la connivence des employés avec les vignerons. De là vient précisément que nos impôts sur les consommations (*rentas provinciales*), ne donnaient pas les résultats espérés par Zavala, et ne les ont pas donnés depuis. Il est vrai que Zavala a fait des calculs exagérés, puisque de son temps la plus grande partie des villes des 22 provinces de Castille étaient déjà abonnées (*encabazados*). Après avoir abandonné le système de jaugeage dans les caves, l'administration française perçut et perçoit encore ces impôts au moyen des droits d'octroi établis dans toutes les villes qui ont une population de plus de 2,500 âmes, et d'un droit de 15 % sur le vin qui se vend en détail ; pour la perception de ce dernier, on fait dans les magasins des marchands de vins les mêmes jaugeages qu'on faisait auparavant dans les caves des vignerons.

C'est ainsi que les déclamations de M. Mendizabal contre notre ancien système retombent en grande partie sur les nations les plus civilisées de l'Europe, qui se garderont bien d'adopter, comme principes de leur administration, les lieux communs dont il fait parade dans son préambule avec tant de gravité et d'ostentation. Dans notre ancien système, un impôt onéreux et antiéconomique sous tous les rapports, c'est le droit sur les ventes des biens meubles et immeubles (*alcabala*), sur la circulation des fruits de la terre et sur la propriété mobilière. En France ce droit ne porte que sur la vente des immeubles (*bienes raices*), pour lesquels on paie 6 %.

Ce n'est pas seulement l'exemple des nations civilisées de l'Europe qui nous offre un système mixte de contributions directes et indirectes, les principes de l'économie politique nous l'indiquent aussi comme l'unique moyen de distribuer proportionnellement les charges publiques entre la richesse territoriale et la richesse industrielle; autrement les capitalistes et l'industrie se soustrairaient à ces charges. En effet, vu l'impossibilité de vérifier leurs revenus, on ne peut lesgrever par des impôts directs qu'avec beaucoup de modération, et c'est le seul moyen de parer à l'inconvénient de l'inégalité des fortunes industrielles, sur lesquelles l'impôt direct, en raison des profits, est impossible, comme nous l'avons dit, parce qu'on ne peut pas les apprécier, et que, par le même motif, on ne peut pas établir une proportion avec l'impôt territorial. C'est pour ces raisons qu'on a établi en Angleterre et en France les licences et les patentes. En France, quoique la contribution des patentes soit modérée, la loi a établi une certaine égalité entre les fortunes industrielles, au moyen du droit fixe et du droit proportionnel, égal au dixième du loyer des maisons, magasins, etc. L'industrie paie, en outre, les contributions qui grèvent les objets de consommation. Tel est le principe de justice sur lequel se fondent les droits d'octroi dans les villes, dont la population fait supposer qu'il y a des capitalistes, des industriels et des commerçants. C'est ainsi qu'en Angleterre, nation très-industrielle, les impôts indirects montent actuellement à 4,000 millions de réaux.

Nous sommes intimement convaincu que, si l'on adoptait en Espagne un système mixte de contributions, semblable à celui que nous venons d'exposer, nous obtiendrions le rétablissement de nos finances et de notre crédit. En maintenant telle qu'elle est la matière imposable de nos contributions sur les consommations (*rentas provinciales*), et en variant le mode de perception, nous trouverions dans cette matière imposable seule les impôts indirects les plus productifs. Il est hors de doute qu'on doit non-seulement rétablir les droits d'octroi dans les villes où ils ont été supprimés, mais encore les établir dans les villes de 7 à 8,000 habitants. Dans le discours de présentation du budget de 1834, le ministre des Finances s'exprimait en ces termes : « Les droits d'octroi offrent l'unité de perception, qui « empêche d'accumuler les droits sur un même objet et sur un « même contribuable, comme cela a lieu dans l'application des « règles tracées par les lois et ordonnances relatives au droit « sur les ventes de meubles et d'immeubles (*alcabalatorio*). D'après « ces règles, les objets appelés *de millones* payaient trois ou quatre « tre droits distincts, et il fallait faire, pour la liquidation des droits « (*adeudo*), mille opérations qui entraînaient une grande perte de « temps et causaient souvent un préjudice au trésor et au contri- « buable, par suite d'incapacité ou de connivence de la part des em- « ployés. Dans le système actuel des droits d'octroi ces opérations « sont inutiles, puisque les tarifs indiquent ce que chaque objet doit « payer pour équivalent des droits *d'alcabalas de cientos y millones*. « D'après le même système, ces objets, comme tous autres, sont « exempts de nouveaux droits à chaque vente et revente, après leur « entrée dans la ville, droits qui les grevaient dans les impôts sur « les consommations appelées *rentas provinciales*. On appréciera éga- « lement le bienfait de l'unité de perception dans les droits d'octroi, si « l'on observe que dans les impôts sur les consommations (*rentas* « *provinciales*) quelques objets payaient des droits à l'entrée et d'au- « tres par abonnement (*ajuste alzado*). Dans ce dernier cas, il y avait « mille fraudes qu'on évite au moyen des droits d'octroi. »

Qu'on ne croie pas pour cela que nous approuvions les tarifs existants, loin de là ; nous préparons un article pour prouver l'inégalité avec laquelle on a grevé divers produits dans une ou plusieurs villes. Le tarif de Madrid doit être examiné d'une manière particulière, quant aux objets qu'il comprend et aux droits qui les frappent. Nous nous occuperons d'abord de ce tarif.

Les observations qui précèdent sont de la plus grande exactitude. Il en est de même des calculs qui témoignent du produit immense que pourraient donner les objets soumis aux droits de *millones*. Le vin seul pourrait produire 50 millions de réaux, comme nous le prouverons dans d'autres articles ; car, nous nous proposons d'en consacrer une série aux questions financières. Nous nous contenterons de dire, quant à présent, sauf à le prouver plus tard, que l'on doit adopter pour principe que les objets soumis à des impôts indirects dans le budget de l'État, doivent être libres des droits d'octrois municipaux (*arbitrios municipales*) ; les communes devront alors s'adresser aux Cortès pour demander leur remplacement par d'autres droits.

Parlons des contributions directes : l'impôt territorial est nécessaire, non-seulement pour compléter le système d'impôts, mais encore pour y ramener tous ceux qui, sous différentes dénominations, fatiguent les contribuables de perceptions qui durent toute l'année, et pour simplifier la comptabilité, sans laquelle il sera impossible d'éviter les connivences des employés. Qui pourrait se soumettre patiemment à un si grand nombre de contributions, telles que l'abonnement (*encabezamiento*), la fourniture des fourrages et du matériel des casernes (*paja y utensilios*), l'impôt pour le culte et le clergé (*culto y clero*), pour les frais de justice et pour les aliments des prisonniers pauvres (*gastos de juzgado y alimentos de presos pobres*) et en plus, les frais des députations provinciales, sous-inspections des milices, dispenses de ces dernières (*subinspeccion de milicia, excepcion de ella*), logement (*alojamiento*), bagages (*bagajes*) transport de lettres (*conduccion de pliegos*) etc., etc.? Quelques-unes de ces charges sont locales ; mais elles peuvent s'ajouter aux charges perçues par l'État et être perçues en même temps par un même percepteur. L'établissement de l'impôt territorial est éminemment juste, puisque, par suite de la suppression de la dîme, on a augmenté le revenu des propriétaires d'une valeur égale à celle qu'avaient ces dîmes à l'époque où elles étaient le mieux payées, c'est-à-dire d'au moins 500 millions de réaux. Nous savons que, dans beaucoup de provinces, les propriétaires exigent la valeur de la dîme de leurs fermiers, et qu'ensuite ceux-ci sont compris dans la répartition de l'impôt pour le culte et le clergé. C'est ici le lieu de faire observer l'erreur capitale dans laquelle on est tombé lors de l'établissement de la contribution directe, en y comprenant les revenus de l'industrie agricole et manufacturière qu'il est impossible d'apprécier. Cela accuse une grande ignorance de l'économie politique. Tous les ouvrages publiés sur cette matière nous disent que les produits de la terre se divisent entre le propriétaire, le fermier et le salaire du travail, et que le second doit nécessairement trouver l'intérêt de son argent et un profit pour son industrie , sans quoi la culture des terres serait abandonnée. Le produit net et par conséquent la matière imposable se trouve dans la rente que reçoit le propriétaire et dont la quotité est exprimée dans les baux. On ne peut que s'affliger en pensant aux vexations cruelles auxquels les fermiers, les propriétaires de troupeaux et les classes industrielles sont exposés dans la répartition de la contribution directe votée par les Cortès et rétablie de nouveau par M. Garay, répartition arbitraire et qui ne pouvait manquer de l'être, parce que le produit net de l'agriculture se trouve dans le revenu du champ, du pré, du pâturage, de l'olivier ou du vignoble, et qu'on ne peut grever l'industrie commerciale et manufacturière que par des impôts sur les objets de consommation et par des contributions directes très-modérées , comme nous l'avons déjà exposé. L'Angleterre et la France n'ont jamais eu l'idée de rechercher les profits de l'industrie agricole et manufacturière pour l'assiette de la contribution directe. *L'income tax*, qui est l'extension de l'impôt direct aux classes industrielles, est un moyen désespéré et violent, adopté par Pitt pour soutenir la guerre contre la France révolutionnaire, et rétabli par Peel pour couvrir le déficit actuel, et encore ne le perçoit-on pas en vertu d'une statistique des fortunes, mais d'après les revenus déclarés par les propriétaires avec serment (*relaciones juradas*).

Nous considérons donc, par rapport à l'impôt territorial, comme tout à fait inutiles les travaux statistiques pour lesquels M. le ministre des Finances vient de nommer une commission, puisque, pour l'établissement de la contribution directe, comme nous la concevons, en nous fondant sur les principes de l'économie politique et en suivant l'exemple des nations les plus civilisées, on n'a pas besoin de faire le recensement des capitaux, mais bien celui des revenus. Il est certain, en effet, que la France ne s'est servie ni des documents statistiques réunis par ses préfets, ni d'aucun autre, mais seulement de l'estimation des revenus, en compulsant les baux, les actes de ventes et de partage en cas de doute, et ces moyens ont été préférés par les plus célèbres financiers de France qui se sont opposés au cadastre parcellaire, lequel a coûté des dépenses énormes sans donner des résultats aussi certains que les autres moyens dont nous avons parlé.

Non, nous le répétons, on n'établira jamais avec succès la contribution territoriale d'après un recensement de capitaux, et nous soutenons qu'en six mois, et avec beaucoup d'activité, on pourrait rédiger un recensement de revenus au moyen des registres exigés par les décrets royaux de février et de juin 1824, qui ont déjà été cités, et encore mieux au moyen de ceux qui furent établis par la loi du budget de la législature de 1821. C'est pour cela que nous croyons inutiles les commissions projetées de jeunes gens qui iraient à l'étranger apprendre la statistique, mais nous approuverions hautement que ces jeunes gens allassent étudier en France le système d'administration et de comptabilité, comme l'ont fait des envoyés anglais, M. Baring ayant engagé le gouvernement à prendre cette mesure, en disant dans le Parlement que la comptabilité de l'échiquier était obscure et confuse et qu'on devait prendre pour modèle celle de France.

Notre situation financière est difficile et critique, puisque le déficit reconnu par M. Calatrava est de plus de 300 millions de réaux, sans compter le budget de la dette publique, qui s'élève à plus de 400 millions. On pourrait le couvrir, en grande partie, avec 300 millions de la contribution territoriale, qui, bien répartie, grèverait moins les contribuables que la grande quantité d'impôts improductifs et mal perçus qu'ils ont à supporter actuellement. Cette somme, ajoutée à celle que pourraient produire les impôts indirects dont nous avons parlé, élèverait le chiffre des recettes au niveau des dépenses, et, nos revenus n'étant plus engagés à l'avance, nous ne tarderions pas à voir notre crédit se relever.

On doit aussi prendre en considération l'économie dans les dépenses. La suppression des intendants, par exemple, en produirait une assez importante. Nous avons déjà dit que ces fonctionnaires sont tout à fait inutiles, parce que leurs fonctions, purement intermédiaires, se bornent à communiquer les ordres aux agents comptables des provinces, à signer des ordonnances de paiement (*libramientos*) dressées par les contrôleurs des contributions et à faire les rapports qu'on leur demande, en transmettant ceux que leur communiquent les agents comptables ; car ils n'ont ni livres, ni données pour les rédiger. L'état de l'administration est loin de témoigner favorablement de leur surveillance sur les actes administratifs, sur la conduite des employés et de leur attention à découvrir l'influence des impôts sur la richesse publique. Quant à leurs lumières, nous les ont-ils laissé entrevoir dans aucun projet ou mémoire scientifique sur des réformes avantageuses à introduire dans l'administration ou dans le système des contributions? Qu'on supprime ces intendants, et les matières contentieuses qui leur sont attribuées en leur qualité de subdélégués (*subdelegados*) pourront désormais être jugées par les tribunaux de première instance, qui en connaîtront en premier ressort, comme les Cours royales (*audiencias territoriales*), en connaissent en appel, et l'action de l'administration centrale se communiquera aux agents comptables des provinces avec beaucoup plus d'énergie et de rapidité que par la voie détournée et inutile des intendants. Cette considération présida sans doute à la rédaction des articles des décrets royaux de 1824, déjà cités, qui prescrivirent aux contrôleurs aux administrateurs et aux trésoriers de remettre *directement* leurs comptes à la comptabilité générale, à la direction générale des contributions et au trésor royal. On ne comprend pas pourquoi les autres rapports, entre les mêmes agents supérieurs, ne seraient pas directs, puisqu'ils sont moins importants.

Il y aurait également une grande économie pour l'avenir, si les chefs de l'administration étaient seuls nommés par le Roi et recevaient une somme assez élevée pour payer leurs commis, qui seraient alors comme ceux d'une maison de commerce, que l'on conserve ou que l'on renvoie suivant leur conduite ou leur capacité ; et le trésor public serait déchargé de l'énorme somme qu'il a à payer en ce moment aux employés retraités ou en non activité (*jubilados y cesantes*).

Mais, pour la conception et pour l'exécution du plan qui doit rétablir les finances dans un état prospère, il faut une grande capacité dans le ministre chargé de cette branche de l'administration, et une grande énergie de la part des Cortès et du gouvernement. Or, M. Aylon ne nous a donné aucune preuve de la première, et nous craignons bien que la seconde ne nous fasse faute. Si, par malheur, il en était ainsi, nous redoutons beaucoup une dissolution sociale, dont les symptômes nous affligent depuis si longtemps.

Joaquin de Uriarte.

Madrid, septembre 1845.